LK 12/708.

RAPPORT

Fait en l'Assemblée de MM. LES COM-
MISSAIRES de la majorité des Sections
de Paris, sur l'affaire de Tabago, réunis
à l'invitation de celle de la Bibliothèque.

Messieurs,

L'examen scrupuleux que nous avons fait de
l'affaire de Tabago, la lecture des mémoires des
sieurs Bosque, Guys & Greslier, & des pièces jus-
tificatives que nous avons consultées avec soin ;
enfin l'arrêté de la Section de la bibliothèque,
auquel nous avons donné la plus sérieuse atten-

A

...on, nous ont conduits à une conviction doulou-
reufe de tout ce que nos frères de Tabago ont eu
à fouffrir de la hardieffe & des entreprifes de
l'Officier à qui le Roi a confié le commaudement
de cette île.

Il en réfulte que nos Colonies renferment
des villes dont les remparts ne font pas encore
ornés du pavillon de la liberté, & des citoyens
accablés fous le fceptre du defpotifme. Là, le
fentiment de cette fainte liberté eft transformé
en délit, que des agens cruels ofent punir par des
jugemens diffamatoires. Là, fous le glaive du defpotifme, les élans vers la mère-patrie font des
titres de profcription.

L'île de Tabago nous préfente le fpectacle dé-
chirant de plufieurs victimes de ces abus d'autorité arbitraire : d'un Commandant pour qui rien
n'eft facré, & qui, méprifant toutes les loix, fe
joue impunément de la patrie, des citoyens & de
tous les droits de l'humanité ; ofe impofer un fi-
lence abfolu à toute réclamation, en annonçant
que ne devant compte qu'au Roi, tout doit flé-
chir fous fa volonté fuprême. Cet homme fu-
perbe, il faut vous le nommer, eft le fieur Jobal,
commandant en l'abfence du fieur Dillon, gouverneur.

Quelques citoyens échappés à ces perfécutions
font revenus en France. Ils ont apperçu le terme

de leurs maux, & conçu l'efpoir d'une juftice qui
leur eft due.

Nous avons vu dans la conduite de ce Commandant, avant la révolution, le defpote carac-
térifé ; & depuis la révolution, l'égoïfte for-
cené, le tyran du citoyen, l'ennemi de la Nation
& du Roi, l'homme coupable de délits graves,
de crimes de lèfe-nation, commis par cet agent
fubalterne envers la liberté que nous avons tous
juré de maintenir, envers les droits de l'homme,
en oubliant même les faints devoirs de l'humanité ; & ces crimes, il n'a pas rougi de les com-
mettre fous l'augufte nom du Monarque reftau-
rateur de la France, en empruntant le mafque de
la loi, & en fouillant d'une main hardie la ba-
lance de la juftice.

Nous nous hâtons, Meffieurs, de vous dévoiler
cet homme audacieux, & de vous préfenter le
tableau rapide de fes attentats. Nous infiftons à
vous obferver que chacun des faits eft appuyé de
preuves authentiques.

Quoique Tabago foit devenue colonie fran-
çoife, elle devoit cependant être régie par les
loix angloifes jufqu'à nouvel ordre.

Le fieur Jobal n'a fignalé fon exiftence publi-
que dans cette île, que par l'arbitraire le plus abfolu : tout à la fois commandant, vice-roi, ma-

giſtrat ſuprême dans certains tribunaux , il n'a
connu d'autres loix que ſa volonté.

Un ſieur Ruthie achète de la toile d'une négreſſe chargée de la vente de cette marchandiſe.
La maîtreſſe prétend que la négreſſe a vendu au
deſſous du prix qu'elle a ordonné. Elle s'adreſſe
au ſieur Jobal, qui, ſans vouloir entendre le ſieur
Ruthie, le fait mettre en priſon chargé de fers.
Le ſieur Lefevre, ſolliciteur général de l'île, & le
ſieur Boſque, avocat, invoquent en faveur de Ruthie la loi d'*habeas corpus* , & leur zèle, comme
défenſeurs de l'opprimé, eſt puni de l'empriſon-
nement de leurs perſonnes.

Une ſucceſſion eſt ſpoliée. Le bruit public ac-
cuſe un ſieur Couturier du Haton , & un autre
complice, d'être les coupables du vol. Le ſieur
Lefevre, en ſa qualité de ſolliciteur général , fait
aſſigner un témoin nommé Fouquet pour être entendu ſur ce fait.

Couturier intrigue auprès du Commandant, qui
convoque un tribunal dit *cour de commiſſion*. Les
fonctions de cette cour ſe bornent à la liquidation
des dettes des habitans de la colonie envers les
étrangers. Dans ce tribunal incompétent, & dont
l'accuſé Couturier eſt membre , le ſieur Jobal
mande le témoin Fouquet. Là, ſans l'entendre, il
le fait condamner comme calomniateur ; il dé-
charge le coupable, qui n'a fourni aucune preuve

de fon innocence, & ordonne l'impreſſion & af-
fiche, aux frais de Fouquet, de cet arrêt inique &
infâmant.

Fouquet reclame la protection des loix, & re-
quiert l'appui & le miniſtère de l'avocat Boſque.
Mais le commandant, qui veut feul être obéi, défend à l'avocat d'appeler de ce jugement, *n'ayant
pas pris ſes ordres* ; enjoint à Fouquet de ſe taire,
devant s'eſtimer heureux de la douceur de ce jugement, & invite les jurés à ne pas recevoir la
plainte de Fouquet. Ainſi, par un ordre arbitraire,
toutes les loix ſont muettes, & le cours de la juſ-
tice, la fortune & l'honneur des citoyens, ſont au
gré du ſieur Jobal, qui s'empare de tous les pouvoirs.

Les gouverneurs des colonies ne doivent s'im-
miſcer dans aucune affaire, contentieuſe, civile ni
criminelle; mais le ſieur Jobal veut être feul exer-
çant l'autorité. Vient-il à ſa connoiſſance qu'un
citoyen ait quelque différend pour obligation ou
débet, le commandant, ſans aucune explication, ordonne de payer, fait capturer & garder priſon,
menace avant l'échéance du payement qu'il ſera
inéxorable, & fait exécuter ſes ordres arbitraires par la Maréchauſſée, qu'il charge ainſi
de ſes lettres-de-cachet.

Il craint qu'une pièce de comptabilité, qui ſe
trouve dans les mains d'un ſieur de St.-Léger,

tréforier de la colonie, ne contienne la preuve
d'un abus de fon autorité. Le tréforier , qui eft
en même-tems interprête, eft mandé infidieufe-
ment fous ce dernier titre. Le Commandant lui
ordonne la remife de cette pièce dans fes mains.
Le Tréforier obferve qu'il ne peut s'en deffaifir
fans enfeindre fes devoirs, comme chargé des fi-
nances du Roi. Le fieur Jobal l'infulte ; le Tréforier fe retire, & à peine rentré , le Commandant arrive avec des fufilliers, fait chercher dans
toute fa maifon , le fait fouiller dans fes poches,
& lui enlève la pièce à main armée.

Un fieur Lyon, habitant de Tabago, poffédoit
depuis 1787 un terrein qui lui avoit été concédé
dans les formes requifes. En 1789, un fieur Carminus de Vita achète le terrein limitrophe que
poffédoit un Sr. de Jorna, parent du Sr. Jobal.

Il s'élève conteftation entre les deux voifins,
& il s'agit de favorifer le nouvel acquéreur. Pour
le faire avec fuccès , il ne faut pas attendre que
les Tribunaux légaux prononcent. Le Commandant rétablit alors dans fes fonctions un arpen-
teur flétri par deux jugemens pour crime de faux.
L'Officier dévoué au fieur Jobal enlève 44 âcres
de terre plantée en coton, au fieur Lyon, pour les
donner au fieur Carminus de Vita. Cet abus d'autorité l'entraine bientôt dans un autre. Le fieur
Bofque, avocat, prend la défenfe du Sr Lyon,

Le Commandant, irrité des proteſtations que cet Avocat a fait faire à ſon client, le mande chez lui par un Exempt de Maréchauſſée. Il s'étoit établi *ſeul* en cour de Gouvernement, & avoit inſtitué un Greffier. Le ſieur Boſque arrive, & ſans vouloir l'entendre, on lui lit un jugement qui l'interdit de ſes fonctions pour ſix mois. L'avocat Boſque proteſte inutilement, tant d'incompétence du tribunal, que du refus qu'il a éprouvé d'être entendu. Il reçoit ordre de ſortir, avec menaces.

Peu de tems après, la cour de Chancellerie ſiégeant, l'avocat Boſque ſe préſente. Le ſieur Jobal, prenant le titre de chancelier, défend à Boſque de parler, & inſulte publiquement à ſa conduite. Vainement M. l'Ordonnateur & le Procureur-général du Roi, fidèles aux devoirs de leur miniſtère, réclament au nom du Roi la connoiſſance des motifs de cette interdiction. Vainement alors le ſieur Boſque demande une enquête de ſes vie & mœurs, qui eſt appuyée par les Officiers. Le Commandant donne le ſcandale de ſes animoſités contre l'Ordonnateur & le Procureur-général, défend à Boſque d'exercer, ſous peine d'être chaſſé de l'île comme rebelle à ſes ordres ; & donne pour toute réponſe, aux Officiers publics : *Je ne dois compte qu'au Roi.*

Nous ne pouvons nous diſpenſer d'ajouter ce

A 4

dernier trait. Sept familles indiennes de Caraïbes-rouges avoient embraſſé le chriſtianiſme, & obtenu à titre de conceſſion un terrein inculte, à la parroiſſe Saint-Louis de Man-of-Way-Bay, à Tabago, en 1784. Ils avoient défriché ces terres & bâti leurs demeures de leurs mains. Paiſibles poſſeſſeurs d'un terrein que la nature leur avoit donné, dans la poſſeſſion duquel ils avoient été confirmés par le ſieur Jobal lui-même ; ils avoient exiſté ſous la protection de la Loi & du Gouvernement juſqu'en 1789.

Le même Carminus de Vita dont nous venons de parler, prétend qu'ils occupent le terrein qu'il avoit acheté du parent du Commandant. Eh bien ! hommes, femmes, enfans, toute la peuplade eſt dépoſſédée & chaſſée : on ne leur permet pas même d'enlever les vivres qu'ils ont plantés de leurs mains, ni leurs cafes. Ces infortunés, dépouillés, ſans aſyle, mourant de faim, vont implorer le ſecours du ſieur Boſque. Il ne peut exercer en leur faveur le plus reſpectable miniſtère, le droit de prendre la défenſe d'un opprimé. Il adreſſe LOUIS RADIGUOIS, chef de ces ſept familles, à un de ſes confrères : mais l'interdiction illégale de Boſque a tiédi les cœurs, & la crainte de l'animadverſion du deſpote étouffe le zèle ; le ſieur Boſque prend cependant ſur lui d'écrire au Commandant contre un abus auſſi révoltant. Il ne fait aucune réponse, & ces malheureux n'ont que la foible ressource de faire constater par un Juge de paix la remise de cette lettre & leurs protestations. Bientôt ils s'éloignent de Tabago, pour aller chercher leur existence sur un autre sol. Le ciel les réserve pour donner un grand exemple d'hospitalité & de reconnoissance.

Jusqu'à présent, Messieurs, vous ne connoissez le sieur Jobal que par des actes arbitraires, des abus de tous les pouvoirs, des dénis de justice, des violations des loix & du droit des gens. Il nous reste à vous le faire connoître comme coupable de délits nationaux.

Des nouvelles indirectes apprennent à Tabago l'heureuse révolution qui s'est opérée dans la mère-patrie : le cri de la *liberté* a retenti dans l'île. Ce n'est point par la voix des ministres ; ils avoient intérêt de retarder la proclamation de la nouvelle loi. Aussi-tot tous les bons citoyens de Tabago se reconnoissent, se réunissent. L'avocat Bosque, déjà victime du Commandant, est honoré de la confiance de ses concitoyens ; il est chargé de convoquer une assemblée patriotique. Il se rend à la demande de ses frères, & cette assemblée se forme sous les auspices de la nouvelle loi, pour se livrer à la joie que leur cause le bonheur de la patrie. Après l'élection

d'un fieur Greffier pour préfident, d'un fieur
Guys pour vice-préfident, & du fieur Bofque
pour fecrétaire, les premiers actes de cette affemblée patriotique, font l'expreffion de leur recon-
noiffance pour l'augufte Affemblée nationale, &
une foufcription pour faire une bourfe . qu'ils
veulent offrir aux veuves & enfans des citoyens
de Paris, qui ont fcellé de leur fang l'heureufe
révolution.

Ils invitent les Adminiftrateurs à fe rendre à
cette affemblée, & ils arrêtent qu'il ne fera rien
innové dans l'île. Ils prononcent l'augufte ferment de mourir, comme leurs frères de la mère-
patrie, pour le maintien de la Conftitution ; &
jurent d'être fidèles à la Nation, à la Loi & au
Roi. Mais le defpotifme a laiffé de profondes
craintes dans les cœurs ; & défirant mettre leur
conduite à l'abri de tout foupçon, ils déclarent
que dans le cas où les Adminiftrateurs de l'île
défapprouveroient cette affemblée, elle fe fépa-
rera. Ils leurs notifient en conféquence, par plufieurs députations, cette conduite édifiante. La
cocarde nationale eft arborée, le drapeau de la
liberté fe déploie, & le civifme connu du fieur
Bofque lui mérite l'honneur de le voir flotter à
fa porte.

Ici, Meffieurs, la fcène change. Le Commandant, dans un conciliabule, croit devoir

prendre des mesures pour empêcher la propaga-
tion de la liberté. L'Assemblée patriotique est
une assemblée de factieux qui veulent mettre l'île
en désordre. Il craint que le sceptre du despo-
tisme soit enfin brisé dans ses mains : il tremble
que la loi ne vienne rivaliser son pouvoir ; &
chaque patriote est une victime qu'il veut sacrifier
à sa haine.

Mais pour y parvenir, il faut employer des
moyens sûrs, & c'est par la perfidie & les ma-
nœuvres les plus odieuses qu'il réussit à exécuter
l'abominable projet de se venger. Il prend d'abord
le masque du patriotisme ; il adopte la cocarde
nationale, & paroît accueillir ou revenir sur le
compte des citoyens que leurs frères ont élevés
en dignité dans l'Assemblée patriotique. Il insi-
nue qu'il faut une assemblée générale des habitans
de l'île, & la convoque. Sans doute il espéroit y
commander les suffrages. Cette assemblée générale se forme ; elle approuve tout ce qu'a fait
l'assemblée patriotique ; & le premier dignitaire,
le sieur Greslier, président, est confirmé par une
nouvelle élection. C'est alors que le ressentiment
du sieur Jobal ne connoît plus de frein. Bientôt
les moyens de vengeance se préparent. Il ne voit
dans chaque patriote qu'un ennemi juré, & il sus-
cite des accusateurs contr'eux. Quelques soldats
du bataillon de la Guadeloupe avoient prêté le

même ferment que les patriotes, dans leur affemblée. Les officiers font faire à ces foldats des dépofitions illégales, dans leurs cafernes. A la faveur de ces pièces fabriquées dans l'ombre du miftère, les jours de plufieurs citoyens font menacés : ils font obligés de fuir, & ils follicitent du gouverneur la permiffion de s'embarquer ; ils en reçoivent même des lettres de recommandation. Les fieurs Greflier, Guys & Bofque s'embarquent pour la Martinique ; mais à peine leur vaiffeau a-t-il levé l'ancre, fous le pavillon national, qu'il eft chaffé par une goëlette angloife, montée par des foldats du bataillon de la Guadeloupe. Cette goëlette arbore pavillon anglois & l'affure d'un coup de moufquet : elle va à l'abordage ; les perfonnes qui la montent fautent, le fabre à la main, fur le bâtiment, s'en faififfent & le ramènent à Tabago. Les Srs. Greflier & Guys défcendent à terre ; mais le fieur Bofque eft arrêté par des foldats, jetté, chargé de fers dans un cachot, couché fur la dure, & privé de tout fecours : le fieur Guys eft tenu en chartre-privée pendant onze jours, au pain & à l'eau, également fans décret. On fabrique un procès inique contre eux & le fieur Greflier. Le fieur Jobal convoque une cour d'*oyer & terminer*, & confomme fa perfidie par un arrêt fondé fur des dépofitions illégales & fubornées. Le fieur Bofque eft accufé : de quels crimes! le croi-

rez-vous , Meffieurs ? *d'avoir convoqué l'affem-*
blée patriotique ; d'avoir proposé de faire une
bourfe pour les veuves & enfans des citoyens
morts pour le falut de la patrie ; d'avoir proposé
une foufcription pour faire un drapeau national
& avoir des cocardes ; d'avoir reçu le ferment de
plufieurs foldats dans l'affemblée , comme fe-
orétaire , & d'autres prétendus faits de même ef-
pèce, transformés en délits. Ce tribunal inique ,
compofé de membres dévoués au commandant,
& DONT PLUSIEURS AVOIENT DÉPOSÉ COMME
TÉMOINS , prononce enfin un jugement par lequel « il condamne le fieur Bofque à fix mois
» d'emprifonnement , & à être expofé à la fin de
» ce terme au carcan , depuis midi jufqu'à une
» heure ; à moins qu'après avoir gardé prifon pen-
» dant fix femaines, il ne faffe fa foumiffion fous
» ferment, devant deux Juges de paix , qu'il con-
» fent à partir de l'île , pour n'y rentrer jamais ».
Le fieur Bofque, détenu aux fers , fa maifon
pillée, fes nègres vendus à très-bas prix , fon
mobilier, fes effets & fa propriété envahis, eft obligé
d'accepter, au bout de fix femaines, la condition
du jugement. Il fort de prifon : on lui ordonne
de partir fur le champ, Vainement il repréfente
qu'il n'a rien , qu'il va périr de mifère DANS
L'ISLE DÉSERTE où on l'envoie. On lui donne
pour compagnon de voyage un *affaffin Anglois,*

& le vaiſſeau qui les tranſporte les dépoſe à la pointe de Cumana. Là, errant pendant quelques tems, le ciel lui préſente quelques-uns des Indiens Caraïbes qu'il avoit défendus à Tabago ; il trouve les ſoins de la reconnoiſſance. Oh ! qu'ils ſont hommes, ces Caraïbes, plus près de la nature que nous ! & quel contraſte entre leur hoſpitalité & la férocité du ſieur Jobal ! Enfin ils veulent rendre le ſieur Boſque à ſa patrie, &, ſans autre ſecours que leur zèle, ils le tranſportent, ſur un malheureux eſquif, après quarante-huit heures de lutte contre les flots & la mort, à la pointe de la Trinité Eſpagnole. Tel eſt le ſoin que le ciel a pris du ſieur Boſque, pour le ramener en France.

A l'égard des ſieurs Greſlier, préſident, & Guys, vice-préſident de l'aſſemblée patriotique de Tabago ; le même arrêt les condamne à payer chacun une amende infâmante.

Ainſi l'honneur, la propriété, la vie des citoyens, leur liberté, ſont ſacrifiés à la haine d'un commandant atroce, qui ne voit dans leur patriotiſme que la cauſe de la Nation entière, contre laquelle il ne peut ſe venger. Vous nous diſpenſerez de vous préſenter le tableau des circonſtances : déja vous connoiſſez l'énormité des crimes que nous vous dénonçons. Il eſt impoſſible de ſe diſſimuler l'inſulte faite à la Nation

dans la perfonne des citoyens patriotes, la haine
du fieur Jobal contre la patrie, & de méconnoître en lui un des plus cruels ennemis de la
révolution & de la conftitution. Vous avez déja
reconnu, Meffieurs, que, même fous l'ancienne
loi, le fieur Jobal eût été condamné comme
tyran; fa conduite, fous la nouvelle loi. n'eft
qu'un tiffu de perfidies & de crimes de lèfe-
nation. Vos cœurs font indignés, & il eft tems
que la loi prononce une vengeance éclatante,
que nous penfons devoir être provoquée de la
juftice de l'augufte Affemblée nationale.

Nous eftimons donc, qu'en dénonçant le fieur
Jobal comme criminel de lèfe-nation & coupable
des abus d'autorité les plus révoltans, vous devez
demander un décret folemnel, un nouveau mo-
nument de la fageffe de l'Affemblée nationale,
qui ordonne que le Roi fera prié d'envoyer un
officier pour remplacer le fieur Jobal à Tabago,
lequel fera rappelé en France, en tel état qu'il
plaira à l'Affemblée de l'ordonner, pour y fubir
l'arrêt prononcé par la loi, & par 'l'organe de
tel tribunal qui fera défigné.

Et à l'égard des citoyens victimes de ce defpote, que vous devez fupplier la juftice de l'augufte Affemblée de prendre en confidération
particulière leurs réclamations, & pour obtenir
la jufte réparation des torts qu'ils ont éprouvés.

par le jugement tortionnaire de la cour *d'oyer & terminer*, & la réintégrande dans leurs propriété, honneur & liberté; les renvoyer devant tel tribunal qui leur fera auffi défigné.

Signé DESVIEUX, Commiffaire de la Section des Poftes, Rapporteur.

Ouï ledit rapport, & vérification faite des' pièces juftificatives, les Commiffaires de la majorité des Sections de la ville de Paris, en vertu des mandats de leurs commettans, auxquels ils ont rendu compte refpectivement en leur affemblée, ont arrêté qu'il fera fait une pétition ou adreffe à l'Affemblée nationale, tendante à dénoncer le fieur Jobal, commandant à Tabago, comme coupable de délits de lèfe-nation, commis dans la perfonne des citoyens de ladite île.

Fait à l'affemblée tenue à l'hôtel de Richelieu, au comité de la Section de la Bibliothèque, le 29 décembre 1790.

Signés D'AUXON, préfident; MEUNIER DESCLOSEAUX, commiffaire de la Section de l'Arfenal, fecrétaire.

De l'Imprimerie de PELLIER, rue des Prouvaires, n°. 41.

www.ingramcontent.com/pod-product-compliance
Lightning Source LLC
Chambersburg PA
CBHW061803040426
42447CB00011B/2457